MW00583054

In Loving Memory

Copyright © 2018 Lollys Publishing

All rights reserved.
ISBN: 9781912641512

A Celebration of the Life of

....

Born On

....

Passed Away On

....

Those we love don't go away,

They walk beside us

every day.

Unseen, Unheard,

But always near.

Still loved, still missed,

and very dear.

Name, Address, Thoughts

& Memories

....

....

....

....

....

....

....

....

....

Name, Address, Thoughts
& Memories

....

....

....

....

....

....

....

....

Name, Address, Thoughts & Memories

....

....

....

....

....

....

....

....

....

Name, Address, Thoughts

& Memories

Name, Address, Thoughts
& Memories

....

....

....

....

....

....

....

....

....

Name, Address, Thoughts

& Memories

Name, Address, Thoughts

& Memories

....

....

....

....

....

....

....

....

....

Name, Address, Thoughts & Memories

....

....

....

....

....

....

....

....

....

Name, Address, Thoughts
& Memories

....

....

....

....

....

....

....

....

....

Name, Address, Thoughts
& Memories

....

....

....

....

....

....

....

....

....

Name, Address, Thoughts
& Memories

....

....

....

....

....

....

....

....

....

Name, Address, Thoughts & Memories

....

....

....

....

....

....

....

....

....

Name, Address, Thoughts
& Memories

Name, Address, Thoughts

& Memories

Name, Address, Thoughts & Memories

Name, Address, Thoughts
& Memories

Name, Address, Thoughts
& Memories

....

....

....

....

....

....

....

....

....

Name, Address, Thoughts & Memories

....

....

....

....

....

....

....

....

....

Name, Address, Thoughts & Memories

....

....

....

....

....

....

....

....

....

Name, Address, Thoughts

& Memories

....

....

....

....

....

....

....

....

....

Name, Address, Thoughts & Memories

....

....

....

....

....

....

....

....

....

Name, Address, Thoughts

& Memories

....

....

....

....

....

....

....

....

....

Name, Address, Thoughts & Memories

···

···

···

···

···

···

···

···

···

Name, Address, Thoughts

& Memories

Name, Address, Thoughts & Memories

....

....

....

....

....

....

....

....

....

Name, Address, Thoughts & Memories

....

....

....

....

....

....

....

....

....

Name, Address, Thoughts & Memories

....

....

....

....

....

....

....

....

....

Name, Address, Thoughts & Memories

Name, Address, Thoughts & Memories

....

....

....

....

....

....

....

....

....

....

Name, Address, Thoughts

& Memories

Name, Address, Thoughts & Memories

....

....

....

....

....

....

....

....

....

Name, Address, Thoughts & Memories

....

....

....

....

....

....

....

....

....

Name, Address, Thoughts & Memories

....

....

....

....

....

....

....

....

....

Name, Address, Thoughts & Memories

....

....

....

....

....

....

....

....

....

Name, Address, Thoughts & Memories

....

....

....

....

....

....

....

....

....

Name, Address, Thoughts & Memories

....

....

....

....

....

....

....

....

Name, Address, Thoughts & Memories

....

....

....

....

....

....

....

....

....

Name, Address, Thoughts & Memories

Name, Address, Thoughts
& Memories

Name, Address, Thoughts
& Memories

....

....

....

....

....

....

....

....

Name, Address, Thoughts & Memories

....

....

....

....

....

....

....

....

....

....

Name, Address, Thoughts
& Memories

....

....

....

....

....

....

....

....

....

Name, Address, Thoughts & Memories

....

....

....

....

....

....

....

....

....

Name, Address, Thoughts & Memories

···

···

···

···

···

···

···

···

···

···

Name, Address, Thoughts

& Memories

....

....

....

....

....

....

....

....

....

Name, Address, Thoughts & Memories

....

....

....

....

....

....

....

....

....

Name, Address, Thoughts & Memories

....

....

....

....

....

....

....

....

....

Name, Address, Thoughts

& Memories

Name, Address, Thoughts & Memories

....

....

....

....

....

....

....

....

....

....

Name, Address, Thoughts
& Memories

Name, Address, Thoughts & Memories

....

....

....

....

....

....

....

....

....

Name, Address, Thoughts
& Memories

....

....

....

....

....

....

....

....

....

Name, Address, Thoughts & Memories

....

....

....

....

....

....

....

....

....

Name, Address, Thoughts & Memories

Name, Address, Thoughts & Memories

....

....

....

....

....

....

....

....

....

Name, Address, Thoughts

& Memories

Name, Address, Thoughts & Memories

....

....

....

....

....

....

....

....

....

Name, Address, Thoughts

& Memories

Name, Address, Thoughts & Memories

....

....

....

....

....

....

....

....

....

Name, Address, Thoughts
& Memories

Name, Address, Thoughts & Memories

....

....

....

....

....

....

....

....

....

Name, Address, Thoughts & Memories

....

....

....

....

....

....

....

....

Name, Address, Thoughts
& Memories

....

....

....

....

....

....

....

....

....

Name, Address, Thoughts

& Memories

....

....

....

....

....

....

....

....

....

Name, Address, Thoughts & Memories

....

....

....

....

....

....

....

....

....

Name, Address, Thoughts

& Memories

....

....

....

....

....

....

....

....

Name, Address, Thoughts & Memories

....

....

....

....

....

....

....

....

....

Name, Address, Thoughts & Memories

Name, Address, Thoughts & Memories

....

....

....

....

....

....

....

....

....

Name, Address, Thoughts

& Memories

Name, Address, Thoughts & Memories

....

....

....

....

....

....

....

....

....

Name, Address, Thoughts
& Memories

Name, Address, Thoughts
& Memories

....

....

....

....

....

....

....

....

....

Name, Address, Thoughts & Memories

....

....

....

....

....

....

....

....

Name, Address, Thoughts
& Memories

....

....

....

....

....

....

....

....

....

....

Name, Address, Thoughts
& Memories

....

....

....

....

....

....

....

....

....

Name, Address, Thoughts & Memories

....

....

....

....

....

....

....

....

....

Name, Address, Thoughts
& Memories

....

....

....

....

....

....

....

....

....

Name, Address, Thoughts
& Memories

....

....

....

....

....

....

....

....

....

Name, Address, Thoughts & Memories

....

....

....

....

....

....

....

....

....

Name, Address, Thoughts & Memories

....

....

....

....

....

....

....

....

....

Name, Address, Thoughts

& Memories

···

···

···

···

···

···

···

···

···

Name, Address, Thoughts & Memories

....

....

....

....

....

....

....

....

Name, Address, Thoughts & Memories

Name, Address, Thoughts & Memories

....

....

....

....

....

....

....

....

....

Name, Address, Thoughts & Memories

Name, Address, Thoughts & Memories

....

....

....

....

....

....

....

....

....

Name, Address, Thoughts

& Memories

....

....

....

....

....

....

....

....

....

Name, Address, Thoughts & Memories

....

....

....

....

....

....

....

....

....

....

Name, Address, Thoughts & Memories

....

....

....

....

....

....

....

....

....

Name, Address, Thoughts & Memories

....

....

....

....

....

....

....

....

....

Name, Address, Thoughts

& Memories

....

....

....

....

....

....

....

....

....

Name, Address, Thoughts & Memories

....

....

....

....

....

....

....

....

....

Name, Address, Thoughts
& Memories

....

....

....

....

....

....

....

....

....

Printed in the USA
CPSIA information can be obtained
at www.ICGtesting.com
LVHW050906211023
761739LV00006B/158

9 781912 641512